ARREGLOS DINÁMICOS EN EXCEL

Introducción

JULIO DE 2024

MEXICALI, B.C.

1ra edición
Julio 2024
Mexicali, B.C., México
Roberto González Escandón (rgescandon@outlook.com)

Contenido

Prologo.

Bienvenido al "Manual de Arreglos Dinámicos en Excel". Este documento ha sido creado para proporcionarte una guía comprensiva sobre el uso de arreglos dinámicos en Excel.

Este manual te enseñará cómo usar de forma eficiente la característica de las hojas de cálculo de Excel, tanto si eres un principiante que está aprendiendo lo básico como si eres un usuario avanzado que quiere mejorar tus habilidades. Con este manual, obtendrás las herramientas y el conocimiento que necesitas para sacarle partido a esta función potente de Excel.

Los arreglos dinámicos son una nueva característica que ha transformado la forma en que gestionamos y analizamos los datos en Excel. Disponibles en Excel 365 y Excel 2019, estos arreglos facilitan la realización de cálculos complejos y análisis de datos de manera más eficaz y adaptable.

Nuestro objetivo con este manual es ofrecerte un conocimiento práctico y profundo de cómo operan los arreglos dinámicos y cómo puedes utilizarlos en tus proyectos habituales.

Esperamos que encuentres este manual útil y esclarecedor. ¡Comencemos!

Introducción.

Te damos la bienvenida al "Manual de Arreglos Dinámicos en Excel". Este documento pretende ser una guía completa y accesible sobre el uso de arreglos dinámicos en Excel. Independientemente de que seas un principiante que está iniciándose en el uso de hojas de cálculo o un usuario avanzado que busca mejorar sus habilidades, este manual te brindará las herramientas y el conocimiento necesarios para sacar el mayor provecho a esta poderosa función de Excel.

Importancia de los Arreglos Dinámicos en Excel.
Los arreglos dinámicos son una innovación que ha cambiado la forma en que trabajamos y analizamos datos en Excel. Estos arreglos, disponibles en Excel 365 y Excel 2019, nos permiten hacer cálculos complejos y análisis de datos con más eficiencia y flexibilidad. Al poder devolver varios valores desde una sola fórmula y de ajustarse automáticamente al rango necesario, los arreglos dinámicos facilitan las tareas de manejo de datos y reducen la posibilidad de errores.

Objetivos del Manual.
El objetivo de este manual es proporcionarte un conocimiento detallado y práctico de cómo operan los arreglos dinámicos y cómo puedes usarlos en tus proyectos diarios. A lo largo de este documento, examinaremos los conceptos básicos, aprenderemos a emplear las funciones más usuales asociadas con arreglos dinámicos, veremos ejemplos prácticos y discutiremos buenas prácticas para asegurar que tus hojas de cálculo sean eficientes y fáciles de comprender.

Audiencia Objetivo.
Este manual se adapta a usuarios con distintos niveles de experiencia en Excel. Tanto si eres un estudiante, un profesional que maneja datos a diario o simplemente alguien que quiere mejorar sus habilidades en Excel, aprenderás información útil que te permitirá trabajar de forma más rápida y eficiente.

Estructura del Manual.
Para facilitar el aprendizaje y la aplicación de los arreglos dinámicos, hemos estructurado este manual en varias secciones clave:

1. **Prólogo**: Una breve bienvenida y una explicación del propósito del manual.
2. **Introducción al Contenido**: Un resumen de los temas que se cubrirán en el manual.
3. **Introducción a Excel 365/2019**: Una descripción general de las características específicas de estas versiones de Excel que habilitan el uso de arreglos dinámicos.
4. **Conceptos Básicos**: Una explicación detallada de qué son los arreglos dinámicos y la desbordación.
5. **Funciones de Arreglos Dinámicos**: Descripción y ejemplos de funciones clave como UNIQUE, SORT, FILTER, SEQUENCE, y RANDARRAY.
6. **Funciones Adicionales de Matriz**: Descripción y ejemplos de funciones adicionales como TEXTSPLIT, ARRAYTOTEXT, VSTACK, HSTACK, WRAPCOLS, y WRAPROWS.
7. **Uso de {} para Referencia de Múltiples Valores en una Función**: Explicación y ejemplos del uso de constantes de matriz.
8. **Ejemplos Prácticos**: Casos de uso reales y combinaciones de funciones para resolver problemas complejos.
9. **Buenas Prácticas**: Recomendaciones para manejar errores, asegurar la compatibilidad y documentar tus fórmulas.
10. **Ejercicios**: Actividades prácticas para reforzar lo aprendido.
11. **Resolución de Problemas Comunes**: Soluciones a errores comunes y consejos para evitar problemas.
12. **Integración con Tablas**: Uso de arreglos dinámicos en combinación con tablas de Excel para mejorar la gestión de datos.

¿Qué son los Arreglos Dinámicos?

En Excel, una fórmula puede devolver varios valores en lugar de uno solo. Esto se llama un arreglo dinámico y permite hacer cálculos y análisis de datos más fácil y eficientemente. Los arreglos dinámicos pueden tener números, texto o ambos y se pueden usar en varias funciones y fórmulas para analizar y manipular los datos mejor en Excel.

¿Qué es la "Desbordación" (Spill)?
La "desbordación" ocurre cuando una fórmula de arreglo dinámico devuelve múltiples valores y Excel automáticamente extiende esos valores en las celdas adyacentes. Por ejemplo, si una fórmula devuelve un rango de 3 filas por 2 columnas, Excel llenará automáticamente esas celdas. Esta característica elimina la necesidad de arrastrar fórmulas manualmente para cubrir el rango deseado y reduce significativamente el riesgo de errores.

Beneficios de Utilizar Arreglos Dinámicos
El uso de arreglos dinámicos en Excel ofrece varios beneficios, incluyendo:

1. **Eficiencia**: Permiten realizar cálculos y análisis más rápidos y con menos esfuerzo manual.
2. **Flexibilidad**: Las fórmulas se adaptan automáticamente a los cambios en los datos, reduciendo la necesidad de ajustes manuales.
3. **Reducción de Errores**: Menos necesidad de copiar y pegar fórmulas manualmente reduce la probabilidad de errores.
4. **Capacidad de Manejar Datos Complejos**: Facilitan el manejo y análisis de grandes conjuntos de datos y cálculos complejos.

Funciones Clave de Arreglos Dinámicos.
Existen varias funciones de arreglos dinámicos que son especialmente útiles para el análisis y manejo de datos en Excel. Algunas de las más comunes incluyen:

- UNIQUE: Devuelve una lista de valores únicos de un rango o matriz.
- SORT: Ordena el contenido de un rango o matriz.
- FILTER: Filtra un rango de datos en función de un criterio dado.
- SEQUENCE: Genera una secuencia de números en una matriz.

- RANDARRAY: Devuelve una matriz de números aleatorios.

Estas funciones permiten realizar tareas como la eliminación de duplicados, la ordenación de datos, la creación de secuencias y la generación de datos aleatorios de manera más eficiente y sencilla.

Funciones Adicionales de Matriz.
Además de las funciones clave, existen otras funciones adicionales de matriz que expanden las capacidades de los arreglos dinámicos en Excel:

- TEXTSPLIT: Divide un texto en un arreglo dinámico según un delimitador especificado.
- ARRAYTOTEXT: Convierte un arreglo en texto.
- VSTACK: Apila matrices verticalmente.
- HSTACK: Apila matrices horizontalmente.
- WRAPCOLS: Reorganiza un rango en una matriz con un número específico de columnas.
- WRAPROWS: Reorganiza un rango en una matriz con un número específico de filas.

Uso de Constantes de Matriz.
Las constantes de matriz permiten introducir varios valores directamente en una fórmula. Esto es muy práctico cuando se quiere hacer cálculos sobre un grupo determinado de valores sin tener que escribirlos en celdas diferentes. Las constantes de matriz pueden usarse en varias funciones de Excel para hacer cálculos más complejos y personalizados.

Ejemplos Prácticos y Casos de Uso.
Este manual tiene varios ejemplos prácticos que te muestran cómo usar las funciones de arreglos dinámicos en casos reales. Estos ejemplos te permitirán entender mejor cómo usar estas funciones en tus propias hojas de cálculo y cómo mezclar varias funciones para solucionar problemas complejos.

Buenas Prácticas.
Trabajar con arreglos dinámicos en Excel puede simplificar muchas tareas, pero es importante seguir ciertas buenas prácticas para evitar errores y asegurar que tus hojas de

cálculo sean eficientes y fáciles de entender. Algunas recomendaciones incluyen manejar errores con funciones como IFERROR, asegurar la compatibilidad con versiones anteriores de Excel, documentar tus fórmulas y validar siempre los resultados.

Ejercicios Prácticos.
Para reforzar lo aprendido, este manual también incluye una sección de ejercicios prácticos. Estos ejercicios te permitirán practicar el uso de las diferentes funciones de arreglos dinámicos y aplicar los conocimientos adquiridos en situaciones reales.

Resolución de Problemas Comunes
Incluso los usuarios más experimentados pueden encontrarse con problemas al trabajar con arreglos dinámicos en Excel. Esta sección proporciona soluciones a errores comunes y consejos para evitar problemas, como el manejo de errores de desbordamiento y la optimización del rendimiento al utilizar fórmulas volátiles.

Integración con Tablas.
Las tablas de Excel son una herramienta poderosa que, cuando se combinan con arreglos dinámicos, pueden mejorar significativamente la gestión y análisis de datos. Esta sección explica cómo utilizar arreglos dinámicos en combinación con tablas para aprovechar al máximo ambas herramientas y mantener tus datos organizados y fáciles de actualizar.

Los arreglos dinámicos en Excel representan un avance significativo en la forma en que manejamos y analizamos datos. Este manual ha sido diseñado para proporcionar una guía completa y accesible para usuarios de todos los niveles de experiencia, con el objetivo de ayudarte a aprovechar al máximo esta poderosa característica de Excel. Esperamos que encuentres este manual útil y esclarecedor, y que te proporcione las herramientas y el conocimiento necesarios para mejorar tus habilidades en Excel y trabajar de manera más eficiente y efectiva.

1: Introducción a Excel 265/2019

Excel es una de las herramientas más poderosas y versátiles disponibles para el análisis de datos y la gestión de información. A lo largo de los años, Microsoft ha lanzado múltiples versiones de Excel, cada una con nuevas características y mejoras que facilitan el trabajo de los usuarios. Excel 365 y Excel 2019 son las versiones más recientes que han introducido una serie de funciones innovadoras, especialmente los arreglos dinámicos, que han revolucionado la manera de trabajar con hojas de cálculo. En esta sección, exploraremos en detalle las características y mejoras de Excel 365 y Excel 2019, así como una tabla comparativa de las versiones anteriores de Excel.

Historia y Evolución de Excel.
Desde su lanzamiento inicial en 1985, Excel ha pasado por numerosas actualizaciones y mejoras. Cada nueva versión ha traído consigo nuevas funciones y características diseñadas para mejorar la experiencia del usuario y aumentar la productividad. La siguiente tabla resume algunas de las versiones más importantes de Excel, su año de lanzamiento y las principales mejoras introducidas en cada una:

Nombre de la Versión	Versión	Año de Lanzamiento	Mejoras Incluidas
Excel 1.0	1.0	1985	Introducción de la interfaz gráfica, funciones básicas
Excel 2.0	2.0	1987	Mejoras en gráficos y funciones financieras
Excel 3.0	3.0	1990	Introducción de la barra de herramientas y VBA
Excel 4.0	4.0	1992	Nuevos gráficos, funciones adicionales
Excel 5.0	5.0	1993	Introducción de la cinta de opciones, tablas dinámicas

Nombre de la Versión	Versión	Año de Lanzamiento	Mejoras Incluidas
Excel 97	8.0	1997	Mejoras en VBA, introducción de la validación de datos
Excel 2000	9.0	1999	Mejoras en gráficos, colaboración en red
Excel 2003	11.0	2003	Mejoras en XML, más filas y columnas
Excel 2007	12.0	2007	Introducción de la interfaz de cinta, formato XML
Excel 2010	14.0	2010	PowerPivot, Sparklines, mejora en la cinta de opciones
Excel 2013	15.0	2013	Power View, Power Map, nuevas funciones de gráficos
Excel 2016	16.0	2015	Nuevos gráficos modernos, análisis rápido
Excel 2019	16.0	2018	Arreglos dinámicos, nuevas funciones de texto
Excel 365	Actualizado continuo	2021 (Online)	Funciones de AI, colaboración en tiempo real, arreglos dinámicos

Características de Excel 365 y Excel 2019

1. Arreglos Dinámicos

Una de las características más destacadas de Excel 365 y Excel 2019 es la introducción de arreglos dinámicos. Los arreglos dinámicos permiten a los usuarios trabajar con fórmulas que pueden devolver múltiples valores. Antes de esta mejora, los usuarios tenían que usar fórmulas matriciales, que a menudo eran complejas y propensas a errores. Los arreglos dinámicos simplifican este proceso, permitiendo que las fórmulas se desborden automáticamente en el rango necesario.

2. Nuevas Funciones de Arreglos Dinámicos

Excel 365 y Excel 2019 incluyen varias funciones nuevas que aprovechan la capacidad de los arreglos dinámicos, tales como:

- **UNIQUE**: Devuelve una lista de valores únicos de un rango o matriz.
- **SORT**: Ordena el contenido de un rango o matriz.
- **FILTER**: Filtra un rango de datos en función de un criterio dado.
- **SEQUENCE**: Genera una secuencia de números en una matriz.
- **RANDARRAY**: Devuelve una matriz de números aleatorios.

3. Funciones de Texto Mejoradas

Además de las funciones de arreglos dinámicos, Excel 365 y Excel 2019 introducen nuevas funciones de texto que facilitan el manejo y transformación de datos textuales. Algunas de estas funciones incluyen:

- **TEXTJOIN**: Combina texto de múltiples rangos y/o cadenas, y coloca un delimitador entre cada valor de texto.
- **CONCAT**: Similar a CONCATENATE pero mejorado para incluir rangos e ignorar celdas vacías.
- **IFS**: Simplifica las condiciones anidadas.
- **SWITCH**: Evalúa una expresión contra una lista de valores y devuelve el primer resultado coincidente.

4. Mejoras en la Interfaz de Usuario

Excel 365 y Excel 2019 también traen varias mejoras en la interfaz de usuario que hacen que la navegación y la utilización de las funciones sean más intuitivas y accesibles:

- **Interfaz de Cinta Mejorada**: La cinta se ha simplificado y modernizado, facilitando la búsqueda de herramientas y funciones.
- **Funcionalidad de Búsqueda Mejorada**: La búsqueda en Excel ahora es más potente, permitiendo encontrar comandos, texto, y ayuda de manera más eficiente.
- **Temas Personalizados**: Los usuarios pueden elegir entre varios temas visuales para personalizar la apariencia de Excel.

5. Colaboración y Trabajo en Equipo

Excel 365 ha mejorado significativamente las capacidades de colaboración, permitiendo a múltiples usuarios trabajar simultáneamente en el mismo documento en tiempo real. Esta función es especialmente útil en entornos de trabajo colaborativos y educativos, donde varios usuarios necesitan contribuir y revisar datos de manera conjunta.

- **Coautoría en Tiempo Real**: Permite a varios usuarios editar la misma hoja de cálculo simultáneamente y ver los cambios en tiempo real.
- **Comentarios y Notas Mejoradas**: Las notas y comentarios ahora son más intuitivos, facilitando la comunicación y colaboración entre los usuarios.
- **Historial de Versiones**: Los usuarios pueden ver y restaurar versiones anteriores de un documento, asegurando que ninguna información se pierda accidentalmente.

6. Inteligencia Artificial y Automatización

Excel 365 también incluye características de inteligencia artificial (IA) y automatización que facilitan el análisis de datos y la toma de decisiones.

- **Ideas en Excel**: Utiliza la inteligencia artificial para identificar patrones y tendencias en los datos, proporcionando sugerencias inteligentes y visualizaciones automáticas.
- **Automatización con Power Query**: Herramientas mejoradas para la obtención y transformación de datos, permitiendo a los usuarios automatizar procesos complejos de ETL (Extracción, Transformación y Carga).

- **Integración con Power BI**: Excel 365 ofrece una integración fluida con Power BI, facilitando la creación de informes avanzados y la visualización de datos.

7. Seguridad y Conformidad

La seguridad de los datos es una prioridad en Excel 365 y Excel 2019. Microsoft ha implementado varias características para proteger la información y cumplir con las normativas de privacidad y seguridad de datos.

- **Protección de Información**: Funcionalidades avanzadas para proteger hojas de cálculo con contraseñas y permisos específicos.

- **Cumplimiento Normativo**: Herramientas y controles que ayudan a las organizaciones a cumplir con normativas como GDPR y HIPAA.

- **Autenticación Multifactor (MFA)**: Mejora la seguridad mediante la implementación de autenticación de múltiples factores para el acceso a los datos.

Excel 365 y Excel 2019 representan un avance significativo en la evolución de Excel, proporcionando a los usuarios herramientas más poderosas y flexibles para el análisis y gestión de datos. Las nuevas funciones de arreglos dinámicos, junto con mejoras en la interfaz de usuario, capacidades de colaboración, inteligencia artificial y seguridad, hacen que estas versiones sean indispensables para cualquier profesional que trabaje con datos. La comprensión y el uso efectivo de estas nuevas características pueden mejorar significativamente la productividad y la eficiencia en el trabajo diario con hojas de cálculo.

En las siguientes secciones de este manual, profundizaremos en cada una de las nuevas funciones y características, proporcionando ejemplos prácticos y consejos para maximizar el uso de Excel 365 y Excel 2019 en diversas aplicaciones.

2: Conceptos Básicos

¿Qué es un Arreglo Dinámico?
Una fórmula que puede devolver múltiples valores en lugar de uno solo se llama arreglo dinámico en Excel. Esta característica, disponible en Excel 365 y Excel 2019, permite realizar operaciones complejas y análisis de datos de una manera más fácil y eficiente. Los arreglos dinámicos pueden tener números, texto o ambos y pueden ser usados en varias funciones y fórmulas para mejorar la capacidad de análisis y manipulación de datos en Excel.

Los arreglos dinámicos simplificaron el trabajo con hojas de cálculo, al reemplazar las fórmulas matriciales que eran complejas y difíciles de usar. Con los arreglos dinámicos, Excel distribuye los resultados en las celdas adecuadas, sin necesidad de copiar y pegar fórmulas. Esto reduce errores y mejora la eficiencia.

La capacidad de desbordamiento de los arreglos dinámicos permite que una sola fórmula se expanda para cubrir las celdas necesarias, simplificando el proceso de cálculo y análisis. Por ejemplo, una fórmula de suma simple puede ahora devolver múltiples resultados sin necesidad de escribir fórmulas adicionales o ajustar rangos manualmente.

Ejemplo: Supongamos que tenemos una lista de números en las celdas A1 y queremos sumar estos números utilizando una fórmula de arreglo dinámico:

=SUM(A1:A5)

B1		A	B	C
1		10	78	
2		15		
3		23		
4		18		
5		12		

Si esta fórmula devuelve varios valores, Excel automáticamente extenderá estos valores a las celdas adyacentes.

¿Qué es la "Desbordación" (Spill)?
La "desbordación" (en inglés, "spill") ocurre cuando una fórmula de arreglo dinámico devuelve múltiples valores y Excel automáticamente extiende esos valores en las celdas adyacentes. La característica de desbordación facilita el manejo de arreglos, ya que elimina la necesidad de arrastrar fórmulas manualmente para cubrir el rango deseado y reduce significativamente el riesgo de errores.

Cuando una fórmula desborda, Excel muestra un borde alrededor de las celdas que contienen los resultados desbordados, indicando que estos valores están relacionados y provienen de la misma fórmula. Si hay datos en el rango de desbordamiento, Excel devolverá un error de desbordamiento (#SPILL!) y resaltará las celdas conflictivas. Este mensaje de error ayuda a identificar y resolver rápidamente problemas en la hoja de cálculo.

Además, la desbordación permite crear tablas y gráficos dinámicos que se actualizan automáticamente cuando los datos subyacentes cambian. Esto es particularmente útil en escenarios donde los datos son volátiles o se actualizan frecuentemente, como en informes financieros o análisis de grandes volúmenes de datos.

Ejemplo:
Supongamos que queremos generar una secuencia de números del 1 al 5 utilizando la función **SEQUENCE** :

=SEQUENCE(5)

B2	⌄ : × ✓ *fx*	=SEQUENCE(5)
	A	B
1	Descripción	Fórmula
2	Generar una	1
3	secuencia de	2
4	números del 1 al 6	3
5		4
6		5

Esta fórmula devolverá una columna con los números del 1 al 5. Si ingresamos esta fórmula en la celda A2, los valores se desbordarán en las celdas A2, las cuales se encontrarán enmarcadas (En el ejemplo hasta A6)

Uso de {} para Referencia a Arreglos
Las llaves {} en Excel definen constantes de matriz, que son conjuntos de elementos para usar en fórmulas. Las constantes de matriz pueden tener números, texto o valores lógicos y se separan por comas (en una fila) o por punto y coma (en una columna) entre llaves {}.

Las constantes de matriz sirven para tener valores fijos en una fórmula. Por ejemplo, en análisis financieros, se puede usar una constante de matriz para representar pagos o intereses. Las constantes de matriz también se pueden usar con otras funciones de Excel para hacer cálculos más complejos y personalizados.

Ejemplo:
Supongamos que queremos sumar los números 1, 2 3 y 4 utilizando una constante de matriz:

$$=SUM(\{1,2,3,4\})$$

Esta fórmula devolverá el resultado 10, ya que suma los valores dentro de la constante de matriz.

Ejemplo: Si queremos crear una matriz de 3 filas por 4 columnas, podemos hacerlo de la siguiente manera:

$$=\{1,2,3,4;5,6,7,8;9,10,11,12\}$$

B2	⌄ : × ✓ *fx*	={1,2,3,4;5,6,7,8;9,10,11,12}			

	A	B	C	D	E	F
1	Descripción		Fórmula			
2		1	2	3	4	
3	Crear una matriz	5	6	7	8	
4	de 3 filas y 4	9	10	11	12	
5	columnas					

Las constantes de matriz también se pueden utilizar en combinación con funciones de búsqueda y referencia, como INDEX y MATCH, para devolver resultados específicos de un conjunto de datos. Esto es particularmente útil en análisis de datos y creación de modelos financieros.

Utilizar el Operador # para Referirse a Rangos.
El operador de desbordamiento # se utiliza en Excel para referirse a un rango que ha sido desbordado por una fórmula de arreglo dinámico. Este operador facilita la referencia a todo el rango desbordado sin necesidad de especificar manualmente el rango completo. Esto simplifica la creación y mantenimiento de fórmulas, especialmente en hojas de cálculo grandes y complejas.

El operador # también es útil cuando se trabaja con tablas dinámicas y gráficos. Al referirse a un rango desbordado con el operador #, se garantiza que los datos se actualicen automáticamente cuando se modifiquen las celdas subyacentes. Esto elimina la necesidad de ajustar manualmente las referencias de rango en las fórmulas y los gráficos.

Ejemplo:
Supongamos que tenemos una fórmula de arreglo dinámico en la celda A1 que desborda en el rango A1. Podemos referirnos a todo el rango desbordado utilizando el operador #:

En el ejemplo se muestra la operación para obtener los valores únicos de los nombres

=UNIQUE(A1:A10)

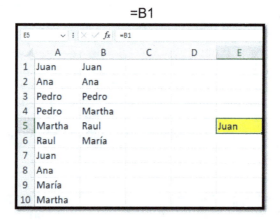

En la celda E5 se hace referencia a B1, regresando el valor de esa celda.

=B1

Para hacer referencia al rango desbordado se usa #.

=B1#

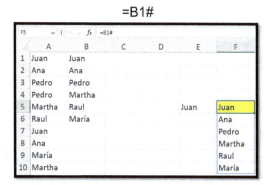

Esto se traducirá en una referencia al rango B1.

Otro uso práctico del operador # es cuando queremos aplicar una fórmula adicional a los resultados desbordados de otra fórmula. Por ejemplo, si queremos calcular el promedio de los valores generados por una fórmula que produce un rango en la celda A1.

Ejemplo:
Tenemos un rango generado en C1 de los valores únicos en B1:B11.

	A	B	C
			C2 =UNIQUE(B2:B11)
1	Descripción	Datos	Únicos
2	Calcular el	7	7
3	promedio de los	8	8
4	valores	3	3
5	generados por	3	9
6	una fórmula	8	5
7	UNICOS en la	9	4
8	celda C2	5	
9		5	
10		4	
11		8	

La cantidad de números no se conoce, pero con # podemos hacer referencia al rango resultante

=AVERAGE(C2#)

D2			fx	=AVERAGE(C2#)	
	A	B	C	D
1	Descripción	Datos	Únicos	Promedio
2	Calcular el promedio de los valores generados por una fórmula UNICOS en la celda C2	7	7	6
3		8	8	
4		3	3	
5		3	9	
6		8	5	
7		9	4	
8		5		
9		5		
10		4		
11		8		

Esta fórmula calculará el promedio de todos los valores en el rango desbordado C1.

El operador # también se puede combinar con otras funciones de Excel para realizar cálculos más avanzados y personalizados. Por ejemplo, se puede utilizar en combinación con SUM, COUNT, MAX y MIN para analizar y resumir grandes conjuntos de datos.

Ejemplo: Uso Avanzado de Constantes de Matriz.
Supongamos que queremos realizar una operación matricial más compleja, como multiplicar dos matrices de 2x2:

1	2	x	5	6
3	4		7	8

=MMULT({1,2;3,4},{5,6;7,8})

B2			fx	=MMULT({1,2;3,4},{5,6;7,8})	
	A	B	C
1	Descripción	Fórmula	
2	Multiplicar dos matrices de 2x2 utilizando la función MMULT	19	22
3		43	50
4			
5			

Ejemplo. Crear una Matriz de Valores Aleatorios

Podemos utilizar la función RANDARRAY para generar una matriz de valores aleatorios. Supongamos que queremos una matriz de 3 filas por 3 columnas con valores aleatorios entre 1 y 100:

=RANDARRAY(3,3,1,100,TRUE)

	A	B	C	D
	B2	f_x =RANDARRAY(3,3,1,100,TRUE)		
1	Descripción	Fórmula		
2	Generar una matriz	72	73	55
3	de valores aleatorios	15	56	30
4	entre 1 y 100	20	2	7

Esta fórmula devolverá una matriz de valores enteros aleatorios dentro del rango especificado, desbordando los resultados en un rango de 3x3.

Ejemplo. Usar el Operador # con Funciones de Agregación.

Supongamos que tenemos una fórmula de arreglo dinámico que genera una secuencia de números en el rango C1. Queremos calcular la suma y el producto de estos números utilizando el operador #:

=SUM(C1#)
=PRODUCT(C1#)

	A	B	C	D	E
	E2	f_x =SUM(C2#)			
1	Descripción	Datos	Desbordado	Operaciones	Resultados
2	Calcular la suma y el	2	2	Suma	36
3	producto de una	7	7	Producto	16,800
4	secuencia de números	8	8		
5	utilizando el operador #	10	10		
6		1	1		
7		3	3		
8		5	5		

Estas fórmulas calcularán la suma y el producto de todos los valores en el rango desbordado C1, respectivamente.

Los conceptos de arreglos dinámicos, desbordación, el uso de llaves {} y el operador # son fundamentales para aprovechar al máximo las nuevas capacidades de Excel 365 y Excel 2019. Estas características no solo simplifican el trabajo con grandes conjuntos de datos, sino que también mejoran la precisión y eficiencia en el análisis de datos. Al dominar estos conceptos, los usuarios pueden realizar cálculos más avanzados y obtener resultados más precisos y rápidos en sus hojas de cálculo.

Los ejemplos presentados muestran cómo estas nuevas funciones pueden ser aplicadas en diversas situaciones para simplificar tareas complejas y mejorar la eficiencia. A medida que los usuarios se familiaricen con estas herramientas, podrán descubrir nuevas formas de optimizar su trabajo y maximizar el potencial de Excel en su análisis de datos.

3: Funciones de Arreglos Dinámicos.

Las funciones de arreglos dinámicos en Excel facilitan el trabajo con datos, ya que permiten hacer cálculos complejos y obtener resultados que se adaptan a los cambios de datos, sin tener que modificar los rangos de las fórmulas.

En este capítulo, veremos cinco funciones importantes de arreglos dinámicos: UNIQUE, SORT, FILTER, SEQUENCE y RANDARRAY. Explicaremos cada función con ejemplos prácticos, consejos para usarlas mejor y cómo te ayudan a trabajar con hojas de cálculo en Excel de forma más simple y eficaz.

UNIQUE (UNICO).

Descripción:
La función UNIQUE devuelve una lista de valores únicos de un rango o matriz. Es útil para eliminar duplicados y crear listas de valores únicos.

Sintaxis:

=UNIQUE(array, [by_col], [exactly once])

- `array`: El rango o matriz del cual se quieren obtener los valores únicos.

- `[by_col]`: (Opcional) Un valor lógico que indica si se desea comparar columnas en lugar de filas.

- `[exactly_once]`: (Opcional) Un valor lógico que indica si se deben devolver solo los valores que aparecen exactamente una vez. Falso es el valor predeterminado.

Ejemplo:
Supongamos que tenemos una lista de nombres en el rango A1 y queremos obtener una lista de nombres únicos:

=UNIQUE(A1:A10)

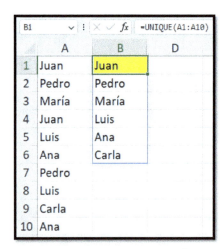

Esta fórmula devuelve una lista de valores únicos en el rango `A1:A10`.

Sugerencias:

- Utiliza UNIQUE junto con SORT para obtener una lista de valores únicos ordenados.

- Combina UNIQUE con FILTER para extraer valores únicos que cumplen con ciertos criterios.

SORT (ORDENAR).

Descripción:
La función SORT ordena el contenido de un rango o matriz según los criterios especificados.

Sintaxis:

=SORT(array, [sort_index], [sort_order], [by_col])

- `array`: El rango o matriz que se desea ordenar.

- `[sort_index]`: (Opcional) Un número que indica la fila o columna según la cual se debe ordenar.

- `[sort_order]`: (Opcional) Un número que indica el orden de clasificación: 1 para ascendente, -1 para descendente.

- `[by_col]`: (Opcional) Un valor lógico que indica si se debe ordenar por columnas en lugar de por filas.

Ejemplo:
Supongamos que tenemos una lista de números en el rango B1 y queremos ordenarlos en orden ascendente:

$$=SORT(A1:A10, 1, 1)$$

Esta fórmula ordenará el rango `A1:A10` en orden ascendente.

Sugerencias:

- Utiliza SORT junto con UNIQUE para obtener una lista ordenada de valores únicos.

- Aplica SORT a datos filtrados para obtener un conjunto de datos ordenados según criterios específicos.

SORTBY (ORDENAR.POR)

Descripción:
La función `SORTBY` ordena un rango o matriz basado en los valores en un rango o matriz correspondiente.

Sintaxis:

=**SORTBY**(array, by_array1, [sort_order1], [by_array2], [sort_order2], ...)

- `array`: El rango o matriz que se desea ordenar.

- `by_array1`: El rango o matriz que contiene los valores según los cuales se debe ordenar.

- `[sort_order1]`: (Opcional) Un número que indica el orden de clasificación: 1 para ascendente, -1 para descendente.

- `[by_array2], [sort_order2], ...`: (Opcional) Rangos y órdenes de clasificación adicionales.

Ejemplo:
Desea ordenar los nombres en A1:A10, según la calificación que se encuentra en B1:B10 en orden ascendente.

=SORTBY(A1:A10, B1:B10, 1)

Esta fórmula ordenará `A1:A10` basado en los valores de `B1:B10` en orden ascendente.

FILTER (FILTRAR).

Descripción:
La función FILTER filtra un rango de datos en función de un criterio dado. Es útil para extraer subconjuntos de datos que cumplen con condiciones específicas.

Sintaxis:

=FILTER(array, include, [if_empty])

- `array`: El rango o matriz que se desea filtrar.

- `include`: Una expresión lógica que indica qué filas o columnas incluir en el resultado.

- `[if_empty]`: (Opcional) El valor que se debe devolver si no se encuentran coincidencias.

Ejemplo:

=FILTER(A2:A11, B2:B11>100, "No hay resultados")

	A	B	C	D	E
	Producto	Monto		Producto	Monto
1					
2	Producto1	$50.00		Producto2	$150.00
3	Producto2	$150.00		Producto3	$200.00
4	Producto3	$200.00		Producto5	$300.00
5	Producto4	$75.00		Producto7	$250.00
6	Producto5	$300.00		Producto9	$110.00
7	Producto6	$100.00			
8	Producto7	$250.00			
9	Producto8	$90.00			
10	Producto9	$110.00			
11	Producto10	$80.00			

D2 = =FILTER(A2:B11, B2:B11>100, "No hay resultados")

Esta fórmula filtra los valores en `A2:A11` donde los valores correspondientes en `B2:B11` son mayores a 100.

Sugerencias:

- Combina FILTER con SORT para obtener un subconjunto de datos ordenados.
-
- Utiliza FILTER para crear tablas dinámicas basadas en criterios específicos.

SEQUENCE (SECUENCIA).

Descripción:
La función SEQUENCE genera una secuencia de números en una matriz. Es útil para crear listas numeradas y rangos de datos.

Sintaxis:

=**SEQUENCE**(rows, [columns], [start], [step])

- `rows`: El número de filas que debe tener la secuencia.

- `[columns]`: (Opcional) El número de columnas que debe tener la secuencia.

- `[start]`: (Opcional) El número inicial de la secuencia.

- `[step]`: (Opcional) El incremento entre cada número en la
secuencia.

Ejemplo:
Generar 10 fechas consecutivas a partir del contenido en A1.

=SEQUENCE(10, 1, A1, 1)

B1	f_x =SEQUENCE(10, 1, A1, 1)	
	A	B	C
1	01/01/2024	01/01/2024	
2		02/01/2024	
3		03/01/2024	
4		04/01/2024	
5		05/01/2024	
6		06/01/2024	
7		07/01/2024	
8		08/01/2024	
9		09/01/2024	
10		10/01/2024	

Esta fórmula genera una secuencia de 10 números comenzando en 1/1/24.

Sugerencias:

- Utiliza SEQUENCE para generar índices y referencias automáticas en tablas y gráficos.
-
- Combina SEQUENCE con otras funciones de arreglo para crear conjuntos de datos complejos y personalizados.

RANDARRAY (ALEATORIO.ENTRE.MATRIZ).

Descripción:
La función RANDARRAY devuelve una matriz de números aleatorios. Es útil para generar conjuntos de datos aleatorios para pruebas y simulaciones.

Sintaxis:

=**RANDARRAY**([rows], [columns], [min], [max], [whole_number])

- `[rows]`: (Opcional) El número de filas que debe tener la matriz.

- `[columns]`: (Opcional) El número de columnas que debe tener la matriz.

- `[min]`: (Opcional) El valor mínimo de los números aleatorios.

- `[max]`: (Opcional) El valor máximo de los números aleatorios.

- `[whole_number]`: (Opcional) Un valor lógico que indica si se deben devolver números enteros.

Ejemplo:
Supongamos que queremos generar una matriz de 5 filas por 2 columnas con valores aleatorios enteros entre 1 y 100:

=RANDARRAY(5, 1, 1, 100, TRUE)

A1		f_x	=RANDARRAY(5, 2, 1, 100, TRUE)

	A	B	C	D
1	63	14		
2	93	92		
3	68	89		
4	23	52		
5	49	9		

Esta fórmula genera una matriz de 10 números enteros aleatorios entre 1 y 100.

Sugerencias:

- Utiliza RANDARRAY para crear conjuntos de datos aleatorios para pruebas de estrés y simulaciones.

- Combina RANDARRAY con SORT y FILTER para generar y ordenar subconjuntos de datos aleatorios.

UNIQUE y SORT combinados

Imagina que tienes una lista de nombres en `A1:A10` y quieres obtener una lista ordenada de nombres únicos.

Fórmula para obtener valores únicos en `B1`:

=UNIQUE(A1:A10)

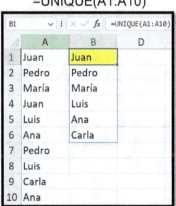

Fórmula para ordenar valores únicos en `C1`:

=SORT(UNIQUE(A1:A10))

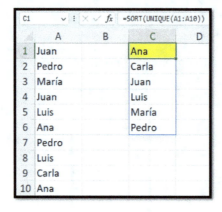

Conclusión

Las funciones relacionadas con arreglos dinámicos en Excel, como `UNIQUE`, `SORT`, `SORTBY`, `FILTER`, `SEQUENCE` y `RANDARRAY`, proporcionan herramientas poderosas para manipular y analizar datos de manera eficiente. Al dominar estas funciones, puedes mejorar significativamente tus capacidades de análisis y optimizar tu flujo de trabajo en Excel.

Estas funciones te permiten realizar tareas complejas de manera sencilla y efectiva, ofreciendo flexibilidad y automatización que anteriormente requerían procesos manuales y propensos a errores. ¡Explora estas funciones y descubre cómo pueden transformar tu uso de Excel!

6. Funciones Adicionales de Matriz

Además de las funciones básicas de arreglos dinámicos, Excel ofrece una serie de funciones adicionales de matriz que amplían aún más las capacidades de análisis y manipulación de datos. Estas funciones permiten realizar operaciones avanzadas y específicas sobre conjuntos de datos, facilitando tareas como la manipulación de texto, la reorganización de matrices y la combinación de datos. En este capítulo, exploraremos las funciones TEXTSPLIT, ARRAYTOTEXT, VSTACK, HSTACK, WRAPCOLS, y WRAPROWS. Cada función será explicada en detalle, con ejemplos prácticos que ilustran su uso y sugerencias para maximizar su potencial.

TEXTSPLIT (DIVIDIR.TEXTO)

Descripción:
La función TEXTSPLIT divide una cadena de texto en varias subcadenas basadas en un delimitador especificado. Es útil para separar valores en una celda y crear matrices de texto.

Sintaxis:

=*TEXTSPLIT*(text, col_delimiter, [row_delimiter], [ignore_empty], [match_mode], [pad_with])

- *text:* El texto que se desea dividir.

- *col_delimiter*: El delimitador de columna.

- *[row_delimiter]:* (Opcional) El delimitador de fila.

- *[ignore_empty]:* (Opcional) Un valor lógico que indica si se deben ignorar los valores vacíos.

- *[match_mode]*: (Opcional) Un valor lógico que indica si se debe realizar una coincidencia exacta.

- *[pad_with]:* (Opcional) El valor con el que rellenar si no hay suficientes valores.

Ejemplo:
Imagina que tienes una lista de nombres completos en A1:A5 y deseas dividir los nombres y apellidos en columnas separadas. Esta fórmula dividirá el texto en la celda A1 en varios valores usando la coma como delimitador.

=TEXTSPLIT(A1, " ")

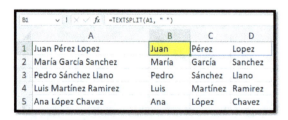

Sugerencias:

- Utiliza TEXTSPLIT para dividir listas de valores separadas por comas, tabulaciones u otros delimitadores.

- Combina TEXTSPLIT con funciones de matriz para realizar análisis avanzados de texto.

ARRAYTOTEXT (MATRIZATEXTO)

Descripción:
La función ARRAYTOTEXT convierte una matriz en una cadena de texto. Es útil para visualizar y exportar matrices como texto.

Sintaxis:

=***ARRAYTOTEXT***(array, [format])

   - `array`: La matriz que se desea convertir en texto.

   - `[format]`: Opcional. El formato del texto: 0 para compacto y 1 para formato estructurado. El valor predeterminado es 0.

Ejemplo:
Supongamos que tenemos una matriz en el rango A1:C3 y queremos convertirla en una cadena de texto estructurada:

=ARRAYTOTEXT(A1:C3, 1)

	A	B	C	D
				fx =ARRAYTOTEXT(A2:C4,1)
	A	B	C	D
1	Col1	Col2	Col3	Resultado
2	1	4	7	{1,4,7;2,5,8;3,6,9}
3	2	5	8	
4	3	6	9	

Ejemplo:
Supón que tienes una lista de valores en A1:A5 y deseas convertirla en una cadena de texto.

Conversión a una cadena de texto. Esta fórmula convierte los valores en el rango A1:A5 en una cadena de texto.

=ARRAYTOTEXT(A1:A5)

C1	⌄ : × ✓ fx	=ARRAYTOTEXT(A1:A5)
	A	B	C
1	10		10, 20, 30, 40, 50
2	20		
3	30		
4	40		
5	50		

Sugerencias:

- Utiliza ARRAYTOTEXT para exportar matrices a otros programas o para documentar fórmulas complejas.

- Combina ARRAYTOTEXT con funciones de texto para crear informes personalizados.

VSTACK (APILARVERT)

Descripción:
La función VSTACK combina varias matrices en una sola matriz verticalmente (apilando filas). Es útil para consolidar datos de diferentes rangos en una sola lista.

Sintaxis:

=**VSTACK**(array1, [array2], ...)

- `array1`: La primera matriz que se desea combinar.

- `[array2]`: Opcional. Matrizes adicionales que se desean combinar.

Ejemplo:
Supongamos que tenemos dos listas de datos en los rangos A2:A4 y B2:B4, y queremos combinarlas en una sola lista:
=VSTACK(A1:A3, B1:B3)

	A	B	C	D
				D2 =VSTACK(A2:A4,B2:B4)
1	Lista1	Lista2		Apilados
2	1	4		1
3	2	5		2
4	3	6		3
5				4
6				5
7				6

Sugerencias:

- Utiliza VSTACK para combinar datos de diferentes hojas o tablas en un solo rango.

- Combina VSTACK con UNIQUE para crear una lista consolidada de valores únicos.

HSTACK (APILARHORZ)

Descripción:
La función HSTACK combina varias matrices en una sola
matriz horizontalmente (apilando columnas). Es útil para
combinar datos de diferentes rangos en una sola tabla.

Sintaxis:

=**HSTACK**(array1, [array2], ...)

- `array1`: La primera matriz que se desea combinar.

- `[array2]`: Opcional. Matrizes adicionales que se desean
combinar.

Ejemplo:
Supongamos que tenemos dos listas de datos en los rangos
A1:A3 y B1:B3, y queremos combinarlas en una sola tabla:

=HSTACK(A1:A3, B1:B3)

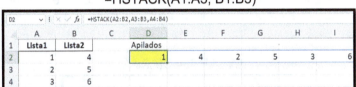

Sugerencias:

- Utiliza HSTACK para combinar datos de diferentes
columnas en una sola tabla.

- Combina HSTACK con FILTER para crear tablas
dinámicas basadas en criterios específicos.

WRAPCOLS (ENVOLVERCOLS)

Descripción:
La función WRAPCOLS reorganiza una matriz en un nuevo formato de columnas. Es útil para transformar datos en matrices con un número específico de columnas.

Sintaxis:

=**WRAPCOLS**(array, wrap_count, [pad_with])

- `array`: La matriz que se desea reorganizar.

- `wrap_count`: El número de columnas en la nueva matriz.

- `[pad_with]`: Opcional. El valor con el que rellenar las celdas vacías. El valor predeterminado es #N/A.

Ejemplo:
Supongamos que tenemos una lista de números en el rango A2:A9 y queremos reorganizarlos en una matriz de 2 columnas:

=WRAPCOLS(A2:A9, 4)

	A	B	C
		B2 =WRAPCOLS(A2:A9,4)	
1	Arreglo	Fórmula	
2	1	1	5
3	2	2	6
4	3	3	7
5	4	4	8
6	5		
7	6		
8	7		
9	8		

Sugerencias:

- Utiliza WRAPCOLS para transformar listas largas en matrices más manejables.

- Combina WRAPCOLS con SEQUENCE para crear tablas de valores generados automáticamente.

WRAPROWS (ENVOLVERFILAS)

Descripción:
La función WRAPROWS reorganiza una matriz en un nuevo formato de filas. Es útil para transformar datos en matrices con un número específico de filas.

Sintaxis:

=**WRAPROWS**(array, wrap_count, [pad_with])

- `array`: La matriz que se desea reorganizar.

- `wrap_count`: El número de filas en la nueva matriz.

- `[pad_with]`: Opcional. El valor con el que rellenar las celdas vacías. El valor predeterminado es #N/A.

Ejemplo:
Supongamos que tenemos una lista de números en el rango A1:A6 y queremos reorganizarlos en una matriz de 2 filas:

=WRAPROWS(A1:A6, 2)

B2		fx	=WRAPROWS(A2:A9,4)		
	A	B	C	D	E
1	Datos	Fórmula			
2	1	1	2	3	4
3	2	5	6	7	8
4	3				
5	4				
6	5				
7	6				
8	7				
9	8				

Sugerencias:

- Utiliza WRAPROWS para transformar listas largas en matrices más manejables.

- Combina WRAPROWS con SEQUENCE para crear tablas de valores generados automáticamente.

5: Funciones para el Manejo de Textos.

Las funciones para el manejo de texto en Excel son herramientas esenciales para la manipulación y análisis de datos textuales. Estas funciones permiten dividir, unir y extraer partes específicas de una cadena de texto, facilitando la organización y procesamiento de la información.

Aunque la función TEXTSPLIT ya fue discutida en el capítulo anterior como una función de arreglo dinámico, se repetirá en este capítulo para mostrar su aplicación específica en el manejo de texto.

A continuación, se explicarán en detalle las funciones TEXTSPLIT, TEXTJOIN, TEXTAFTER y TEXTBEFORE, con ejemplos prácticos y sugerencias para su uso.

TEXTSPLIT (TEXTOSPLIT)

Descripción:
La función TEXTSPLIT divide una cadena de texto en varias subcadenas basadas en un delimitador especificado. Es útil para separar valores en una celda y crear matrices de texto.

Sintaxis:

=*TEXTSPLIT*(text, col_delimiter, [row_delimiter], [ignore_empty], [match_mode], [pad_with])

- *text:* El texto que se desea dividir.

- *col_delimiter*: El delimitador de columna.

- *[row_delimiter]:* (Opcional) El delimitador de fila.

- *[ignore_empty]:* (Opcional) Un valor lógico que indica si se deben ignorar los valores vacíos.

- *[match_mode]*: (Opcional) Un valor lógico que indica si se debe realizar una coincidencia exacta.

- *[pad_with]:* (Opcional) El valor con el que rellenar si no hay suficientes valores.

Ejemplo:
Imagina que tienes una lista de nombres completos en A1:A5 y deseas dividir los nombres y apellidos en columnas separadas. Esta fórmula dividirá el texto en la celda A1 en varios valores usando la coma como delimitador.

=TEXTSPLIT(A1, " ")

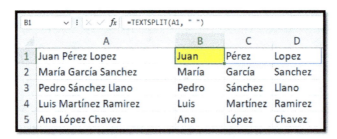

Sugerencias:

- Utiliza TEXTSPLIT para dividir listas de valores separadas por comas, tabulaciones u otros delimitadores.
-
- Combina TEXTSPLIT con funciones de matriz para realizar análisis avanzados de texto.

TEXTJOIN (UNIRTEXT).

Descripción:
La función TEXTJOIN combina varias cadenas de texto en una sola, separándolas con un delimitador especificado. Es útil para unir valores de varias celdas en una sola cadena.

Sintaxis:

=***TEXTJOIN***(delimiter, ignore_empty, text1, [text2], ...)

- *delimiter*: El delimitador que se desea utilizar entre los textos.

- *ignore_empty*: Un valor lógico que indica si se deben ignorar las celdas vacías.

- *text1, [text2], ...:* Los textos que se desean concatenar.

Ejemplo:
Tienes una lista de nombres en A1:A5 y deseas concatenarlos en una sola celda, separados por comas. Esta fórmula concatenará los textos en el rango A1:A5, usando una coma y un espacio como delimitador, e ignorará las celdas vacías.

=TEXTJOIN(", ", TRUE, A1:A5)

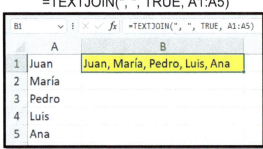

Sugerencias:

- Utiliza TEXTJOIN para crear listas combinadas de valores de varias celdas.

- Combina TEXTJOIN con TEXTSPLIT para realizar operaciones complejas de manipulación de texto.

TEXTAFTER (TEXTO.DESPUES).

Descripción:
La función TEXTAFTER devuelve el texto que aparece después de un delimitador especificado en una cadena de texto. Es útil para extraer la parte relevante de una cadena de texto.

Sintaxis:

=**TEXTAFTER**(text, delimiter, [instance_num], [match_mode], [match_end], [if_not_found])

- *text:* El texto del cual se extraerá el texto después del delimitador.

- *delimiter:* El delimitador después del cual se extraerá el texto.

- *[instance_num]:* (Opcional) El número de ocurrencia del delimitador.

- *[match_mode]:* (Opcional) Un valor lógico que indica si se debe realizar una coincidencia exacta.

- *[match_end]:* (Opcional) Un valor lógico que indica si la coincidencia debe ser al final del texto.

- *[if_not_found]:* (Opcional) El valor a devolver si no se encuentra el delimitador.

Ejemplo:
Tienes una lista de correos electrónicos en A1:A5 y deseas extraer el dominio de cada correo. Esta fórmula devolverá el texto que sigue al símbolo @ en la celda A1.

=TEXTAFTER(A1, "@")

	A	B
1	juan@yahoo.com	yahoo.com
2	maria@outlook.com	outlook.com
3	pedro@gmail.com	gmail.com
4	luis@ejemplo.com	ejemplo.com
5	ana@univ.edu.mx	univ.edu.mx

TEXTBEFORE (TEXTO.ANTES).

Descripción:
La función TEXTBEFORE devuelve el texto que precede a un delimitador específico.

Sintaxis:

=**TEXTBEFORE**(text, delimiter, [instance_num], [match_mode], [match_end], [if_not_found])

- *text:* El texto del cual se extraerá el texto antes del delimitador.

- *delimiter:* El delimitador antes del cual se extraerá el texto.

- *[instance_num]:* (Opcional) El número de ocurrencia del delimitador.

- *[match_mode]:* (Opcional) Un valor lógico que indica si se debe realizar una coincidencia exacta.

- *[match_end]:* (Opcional) Un valor lógico que indica si la coincidencia debe ser al final del texto.

- *[if_not_found]:* (Opcional) El valor a devolver si no se encuentra el delimitador.

Ejemplo:

Tienes una lista de correos electrónicos en A1:A5 y deseas extraer el nombre de usuario de cada correo. Esta fórmula devolverá el texto que precede al primer espacio en la celda A1.

=TEXTBEFORE(A1, " ")

	A	B
	B1 ⌄ : ✕ ✓ *fx* =TEXTBEFORE(A1, "@")	
1	juan@yahoo.com	juan
2	maria@outlook.com	maria
3	pedro@gmail.com	pedro
4	luis@ejemplo.com	luis
5	ana@univ.edu.mx	ana

Conclusión

Las funciones avanzadas para el manejo de texto en Excel, como TEXTSPLIT, TEXTJOIN, TEXTAFTER, y TEXTBEFORE, proporcionan herramientas poderosas para trabajar con datos textuales de manera más eficiente.

Estas funciones permiten dividir, concatenar y extraer información específica de textos, aprovechando la flexibilidad de los arreglos dinámicos.

Al dominar estas funciones, puedes mejorar significativamente tus capacidades de manipulación de texto en Excel y optimizar tus flujos de trabajo.

6. Uso de {} para Referencia Múltiples

En Excel, las llaves {} se utilizan para crear constantes de matriz, lo que permite definir y utilizar un conjunto de valores directamente dentro de una fórmula. Las constantes de matriz pueden contener números, texto o valores lógicos, y son útiles para realizar cálculos rápidos y específicos sin necesidad de referirse a celdas individuales.

Este capítulo explica cómo usar las llaves {} para referenciar múltiples valores en una función, proporcionando una base sólida para el uso avanzado de fórmulas matriciales en Excel.

Si no encuentras en tu teclado las llaves {}, los puedes obtener mediante

Constantes de Matriz
Una constante de matriz es un conjunto de elementos que se puede utilizar directamente en una fórmula. Los elementos de una constante de matriz se escriben dentro de llaves {}, separados por comas (para elementos en una fila) o por punto y coma (para elementos en una columna).

Ejemplo:
Supongamos que queremos crear una matriz de números:

$$=\{1, 2, 3; 4, 5, 6; 7, 8, 9\}$$

A1	⌄	:	× ✓	f_x	={1,2,3;4,5,6;7,8,9}

	A	B	C	D
1	1	2	3	
2	4	5	6	
3	7	8	9	

Esta constante de matriz representa una matriz de 3 filas por 3 columnas con los valores especificados.

Uso de Constantes de Matriz en Funciones

Las constantes de matriz se pueden usar en diversas funciones de Excel para realizar cálculos más eficientes y personalizados.

Función SUM.
La función SUM puede sumar los elementos de una constante de matriz.

Ejemplo:
Queremos sumar los valores 1, 2 y 3 utilizando una constante de matriz:

=SUM({1, 2, 3})

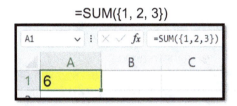

Esta fórmula devolverá el resultado 6.

Función AVERAGE.
La función AVERAGE puede calcular el promedio de los elementos de una constante de matriz.

Ejemplo:
Queremos calcular el promedio de los valores 10, 20 y 30 utilizando una constante de matriz:

=AVERAGE({10, 20, 30})

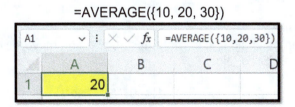

Esta fórmula devolverá el resultado 20.

Función MAX y MIN.

Las funciones MAX y MIN pueden encontrar el valor máximo y mínimo, respectivamente, de una constante de matriz.

Ejemplo:

Queremos encontrar el valor máximo de los valores 4, 8 y 12 utilizando una constante de matriz:

$$=MAX(\{4, 8, 12\})$$

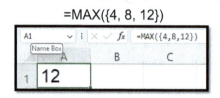

Esta fórmula devolverá el resultado 12.

Para encontrar el valor mínimo:

$$=MIN(\{4, 8, 12\})$$

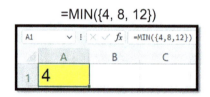

Esta fórmula devolverá el resultado 4.

Función IF

La función IF puede evaluar múltiples condiciones en una constante de matriz y devolver resultados basados en esas condiciones.

Ejemplo:

Queremos evaluar si los valores 1, 0 y -1 son mayores que 0 y devolver "Sí" o "No":

$$=IF(\{1, 0, -1\} > 0, "Sí", "No")$$

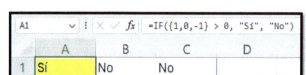

Esta fórmula devolverá {"Sí", "No", "No"}.

Aplicaciones Avanzadas

Uso en Fórmulas Matriciales
Las constantes de matriz son particularmente útiles en fórmulas matriciales, que permiten realizar cálculos en múltiples celdas a la vez.

Ejemplo:
Queremos multiplicar los valores de dos matrices y sumar los resultados:

=SUM({1, 2, 3} * {4, 5, 6})

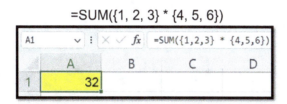

Esta fórmula realiza la multiplicación elemento por elemento y luego suma los resultados, devolviendo $1*4 + 2*5 + 3*6 = 32$.

Combinación con Funciones de Búsqueda

Las constantes de matriz se pueden usar con funciones de búsqueda como INDEX y MATCH para devolver resultados específicos de un conjunto de datos.

Ejemplo:
Queremos devolver el segundo valor de la matriz {10, 20, 30} utilizando la función INDEX:

=INDEX({10, 20, 30}, 2)

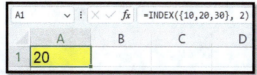

Esta fórmula devolverá el valor 20.

Función CHOOSE.
La función CHOOSE puede seleccionar una lista de valores dentro del rango establecido.

Ejemplo:
Queremos seleccionar las columnas de Apellido, Nombre y total, es decir, queremos la columna 1,3 y 8 del siguiente conjunto de datos.

	A	B	C	D	E	F	G	H
1	Apellido	Nombre	Producto	Zona	Mayo	Junio	Julio	Total
2	ARRIAGA	MARTHA	Producto 2	Monterrey	$7,827.89	$6,370.53	$6,311.53	$20,509.95
3	SANCHEZ	LAURA	Producto 1	Guadalajara	$6,298.64	$6,300.12	$6,558.75	$19,157.51
4	GARCIA	PABLO	Producto 3	Monterrey	$6,365.72	$9,582.89	$8,660.70	$24,609.31
5	MEDINA	MIRANDA	Producto 1	Guadalajara	$6,571.21	$8,140.28	$6,343.48	$21,054.97
6	PRIETO	JUANA	Producto 2	Monterrey	$7,480.45	$9,364.28	$7,678.70	$24,523.43
7	GUTIERREZ	ERNESTO	Producto 2	Mexicali	$9,879.12	$7,798.09	$9,668.16	$27,345.37
8	GONZALEZ	LUIS	Producto 2	Guadalajara	$6,061.79	$8,549.15	$6,167.16	$20,778.10
9	LASCANO	MONICA	Producto 1	Mexicali	$7,322.40	$9,670.96	$7,887.67	$24,881.03
10	LOPEZ	FRANCISCO	Producto 3	Monterrey	$9,495.88	$7,732.88	$9,077.98	$26,306.74
11	VAZQUEZ	SOCORRO	Producto 2	Guadalajara	$8,315.67	$9,609.97	$7,978.90	$25,904.54
12	MONTES	FLOR	Producto 1	Mexicali	$9,609.12	$8,495.34	$9,371.31	$27,475.77
13	RODRIGUEZ	LISA	Producto 2	Monterrey	$9,815.75	$7,974.03	$8,829.97	$26,619.75
14	RODRIGUEZ	FELIPE	Producto 1	Guadalajara	$6,303.23	$6,529.83	$6,961.17	$19,794.23
15	VILLASEÑOR	FELIX	Producto 2	Monterrey	$7,743.22	$9,769.16	$6,115.97	$23,628.35
16	ORTEGA	BEATRIZ	Producto 1	Mexicali	$7,338.69	$6,045.26	$6,701.68	$20,085.63
17	SANCHEZ	MARIA	Producto 3	Mexicali	$5,000.00	$5,000.00	$5,000.00	$15,000.00
18	LOPEZ	JUAN	Producto 1	Monterrey	$5,000.00	$5,800.00	$7,200.00	$18,000.00
19	DEL LLANO	ANGELES	Producto 2	Mexicali	$8,500.00	$8,000.00	$9,000.00	$25,500.00

=CHOOSE({1,2,8},A1:A19,B1:B19,C1:C19,D1:D19,E1:E19,F1:F19,G1:G19,H1:H19)

| *fx* =CHOOSE({1,2,8},A1:A19,B1:B19,C1:C19,D1:D19,E1:E19,F1:F19,G1:G19,H1:H19) |

J	K	L
Apellido	Nombre	Total
ARRIAGA	MARTHA	$20,509.95
SANCHEZ	LAURA	$19,157.51
GARCIA	PABLO	$24,609.31
MEDINA	MIRANDA	$21,054.97
PRIETO	JUANA	$24,523.43
GUTIERREZ	ERNESTO	$27,345.37
GONZALEZ	LUIS	$20,778.10
LASCANO	MONICA	$24,881.03
LOPEZ	FRANCISCO	$26,306.74
VAZQUEZ	SOCORRO	$25,904.54
MONTES	FLOR	$27,475.77
RODRIGUEZ	LISA	$26,619.75
RODRIGUEZ	FELIPE	$19,794.23
VILLASEÑOR	FELIX	$23,628.35
ORTEGA	BEATRIZ	$20,085.63
SANCHEZ	MARIA	$15,000.00
LOPEZ	JUAN	$18,000.00
DEL LLANO	ANGELES	$25,500.00

Se obtiene como resultado las columnas seleccionadas

Sugerencias.

- Se puede usar combinado con FILTER o SORT para obtener datos seleccionados u ordenados.

=FILTER(CHOOSE({1,2,3},A2:A19,B2:B19,H2:H19),H2:H19> 23000,"No hay resultados")

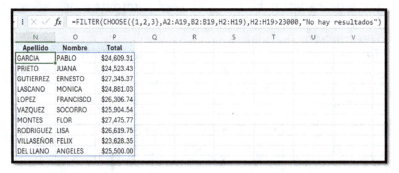

9. Ejemplos prácticos

En este capítulo, se presentarán varios ejemplos prácticos que demuestran cómo utilizar las funciones y conceptos discutidos en los capítulos anteriores. Estos ejemplos están diseñados para proporcionar una comprensión más profunda de cómo aplicar estas funciones en situaciones del mundo real.

Caso de Estudio: Informe de Rendimiento de Empleados.

Descripción:
Tienes una base de datos con la puntuación diaria de rendimiento de los empleados. Deseas generar un informe semanal que muestre el promedio de rendimiento por empleado.

	A	B	C
1	Fecha	Empleado	Puntuación
2	01/01/2024	Juan	85
3	01/01/2024	María	90
4	01/01/2024	Pedro	88
5	02/01/2024	Juan	87
6	02/01/2024	María	91
7	02/01/2024	Pedro	89
8	03/01/2024	Juan	86
9	03/01/2024	María	92
10	03/01/2024	Pedro	87
11	04/01/2024	Juan	88
12	04/01/2024	María	93
13	04/01/2024	Pedro	90
14	05/01/2024	Juan	89
15	05/01/2024	María	94
16	05/01/2024	Pedro	91
17	06/01/2024	Juan	90
18	06/01/2024	María	95
19	06/01/2024	Pedro	92
20	07/01/2024	Juan	91
21	07/01/2024	María	96
22	07/01/2024	Pedro	93
23	08/01/2024	Juan	92
24	08/01/2024	María	97
25	08/01/2024	Pedro	94
26	09/01/2024	Juan	93
27	09/01/2024	María	98
28	09/01/2024	Pedro	95
29	10/01/2024	Juan	94
30	10/01/2024	María	99
31	10/01/2024	Pedro	96

Paso 1: Calcular la relación de empleados únicos

Fórmulas para obtener los empleados en E1:

$$=UNIQUE(B:B)$$

Paso 2: Calcular el promedio de los datos filtrados

Fórmula para calcular el promedio semanal de cada empleado:

$$=AVERAGE(FILTER(\$C\$2:\$C\$31, (\$B\$2:\$B\$31=E2)))$$

Esta fórmula usa valores dinámicos en E2 (empleado) para calcular el promedio de puntuación.

Automatización de Tareas Repetitivas.

La automatización de tareas repetitivas es una de las áreas donde Excel realmente brilla. Al utilizar funciones de arreglos dinámicos, puedes automatizar procesos que antes requerían mucho tiempo y esfuerzo.

Caso de Estudio: Actualización Automática de Precios.

Descripción:
Tienes una lista de productos y sus precios actuales. Deseas actualizar automáticamente los precios en función de un porcentaje de incremento.

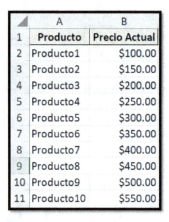

Paso 1: Calcular Nuevos Precios.

La tasa de incremento está en F1.

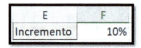

Fórmula para calcular nuevos precios con un incremento indicado en la celda D2.

=B2:B11*(1+F1)

	A	B	C
1	Producto	Precio Actual	Precio Nuevo
2	Producto1	$100.00	$110.00
3	Producto2	$150.00	$165.00
4	Producto3	$200.00	$220.00
5	Producto4	$250.00	$275.00
6	Producto5	$300.00	$330.00
7	Producto6	$350.00	$385.00
8	Producto7	$400.00	$440.00
9	Producto8	$450.00	$495.00
10	Producto9	$500.00	$550.00
11	Producto10	$550.00	$605.00

Paso 1 Alternativo: Calculo de nuevos precios con filtro.

Fórmula para filtrar los productos con precios validos

$$=FILTER(A2:B11, B2:B11>0)$$

K	L	N
Producto	**Precio Actual**	
Producto1	$100.00	
Producto2	$150.00	
Producto3	$200.00	
Producto4	$250.00	
Producto5	$300.00	
Producto6	$350.00	
Producto7	$400.00	
Producto8	$450.00	
Producto9	$500.00	
Producto10	$550.00	

K2 =FILTER(A2:B11, B2:B11>0)

Calcular nuevos precios dinámicamente (El porcentaje de incremento está en F1)

$$=L2:L11*(1+F1)$$

M2 =L2:L11*(1+F1)

K	L	M
Producto	**Precio Actual**	**Precio Nuevo**
Producto1	$100.00	$110.00
Producto2	$150.00	$165.00
Producto3	$200.00	$220.00
Producto4	$250.00	$275.00
Producto5	$300.00	$330.00
Producto6	$350.00	$385.00
Producto7	$400.00	$440.00
Producto8	$450.00	$495.00
Producto9	$500.00	$550.00
Producto10	$550.00	$605.00

Caso de Estudio: Gráficos de Ventas Mensuales.

La preparación de datos para presentaciones puede ser un proceso tedioso. Las funciones de arreglos dinámicos te permiten transformar y presentar los datos de manera más eficiente y efectiva.

Descripción:
Tienes una base de datos con ventas diarias y deseas crear un gráfico que muestre las ventas totales por mes.

	A	B	C
1	Fecha	Producto	Ventas
2	01/01/2024	Producto1	$100.00
3	02/01/2024	Producto2	$150.00
4	03/01/2024	Producto1	$120.00
5	04/01/2024	Producto3	$200.00
6	05/01/2024	Producto2	$180.00
7	06/01/2024	Producto1	$130.00
8	07/01/2024	Producto3	$170.00
9	08/01/2024	Producto2	$190.00
10	09/01/2024	Producto1	$200.00
11	10/01/2024	Producto3	$220.00
12	11/01/2024	Producto2	$210.00
13	12/01/2024	Producto1	$230.00
14	13/01/2024	Producto3	$250.00
15	14/01/2024	Producto2	$270.00
16	15/01/2024	Producto1	$240.00
17	16/01/2024	Producto3	$260.00
18	17/01/2024	Producto2	$280.00
19	18/01/2024	Producto1	$300.00
20	19/01/2024	Producto3	$320.00
21	20/01/2024	Producto2	$340.00
22	21/01/2024	Producto1	$360.00
23	22/01/2024	Producto3	$380.00
24	23/01/2024	Producto2	$400.00
25	24/01/2024	Producto1	$420.00
26	25/01/2024	Producto3	$440.00
27	26/01/2024	Producto2	$460.00
28	27/01/2024	Producto1	$480.00
29	28/01/2024	Producto3	$500.00
30	29/01/2024	Producto2	$520.00
31	30/01/2024	Producto1	$540.00
32	31/01/2024	Producto3	$560.00

Paso 1: Agrupar Ventas por Mes.

Fórmula para agrupar ventas por mes:

=SUMIFS(C2:C32, A2:A32, ">="&DATE(2024, 1, 1), A2:A32, "<="&DATE(2024, 1, 31))

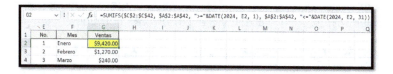

Esta fórmula suma todas las ventas de cada mes de forma automática. En el ejemplo se muestran los primeros tres meses.

Paso 2: Gráfico con actualización automática.

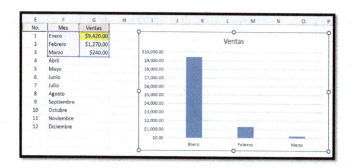

Esta fórmula suma las ventas para cada mes dinámicamente.

Conclusión

En este capítulo, hemos explorado varios casos de uso comunes donde las funciones de arreglos dinámicos en Excel pueden ser extremadamente útiles. Desde el análisis de datos y la generación de informes hasta la automatización de tareas y la preparación de datos para presentaciones, estas funciones te permiten trabajar de manera más eficiente y efectiva. Al dominar estas aplicaciones, puedes transformar tu forma de trabajar con datos y llevar tus habilidades de Excel al siguiente nivel.

10. Buenas Prácticas.

El uso eficiente de Excel no solo se basa en conocer las funciones y herramientas disponibles, sino también en aplicar buenas prácticas que aseguren la precisión, claridad y mantenibilidad de tus hojas de cálculo. En este capítulo, exploraremos varias buenas prácticas que te ayudarán a optimizar tu uso de Excel y a evitar errores comunes.

1. Organiza Tus Datos de Manera Lógica

Mantén tus datos organizados en un formato tabular lógico. Cada columna debe representar un tipo específico de información y cada fila debe representar un único registro.

Sugerencias:
- Utiliza encabezados claros y descriptivos para cada columna.
- Asegúrate de que todas las celdas de una columna contengan el mismo tipo de datos (números, texto, fechas, etc.).
- Evita las celdas fusionadas, ya que pueden complicar el análisis de datos.

2. Utiliza Rangos Nombrados

Los rangos nombrados pueden hacer que tus fórmulas sean más fáciles de leer y mantener.

Sugerencias:
- Asigna nombres descriptivos a rangos de celdas que utilices con frecuencia en tus fórmulas.
- Utiliza nombres cortos pero significativos.

Ejemplo:

En lugar de =SUM(A1:A10), utiliza =SUM(VentasQ1).

3. Documenta Tus Hojas de Cálculo

Incluye documentación en tus hojas de cálculo para que otros usuarios (o tú mismo en el futuro) puedan entender rápidamente la estructura y el propósito de los datos y las fórmulas.

Sugerencias:

- Utiliza comentarios para explicar fórmulas complejas.

- Incluye una hoja de "Notas" o "Documentación" en tu libro de trabajo que describa el propósito de cada hoja y cualquier suposición importante.

4. Mantén la Simplicidad

Las fórmulas y estructuras complejas pueden ser difíciles de entender y mantener. Siempre que sea posible, mantén tus fórmulas y diseños simples.

Sugerencias:
- Divide las fórmulas complejas en pasos más pequeños y colócalos en celdas separadas.
- Evita el uso excesivo de funciones anidadas.

Ejemplo: En lugar de una fórmula compleja:

=IF(SUM(A1:A10) > 100, "Alto", IF(SUM(A1:A10) > 50, "Medio", "Bajo"))

Divide el cálculo en varias celdas:

B1: =SUM(A1:A10)
C1: =IF(B1 > 100, "Alto", IF(B1 > 50, "Medio", "Bajo"))

5. Protege Tus Datos

Protege las celdas que contienen fórmulas importantes o datos críticos para evitar cambios accidentales.

Sugerencias:
- Utiliza la función de proteger hoja (Revisar > Proteger hoja).
- Desbloquea las celdas que los usuarios deben poder editar (Ctrl + 1 > Protección > Desbloquear celda).

6. Valida los Datos de Entrada

Utiliza la validación de datos para asegurarte de que las entradas de los usuarios sean correctas y consistentes.

Sugerencias:
- Configura reglas de validación de datos para restringir el tipo de datos que se pueden ingresar en una celda (Datos > Validación de datos).
- Proporciona mensajes de error claros y útiles para los usuarios.

7. Utiliza Formato Condicional

El formato condicional puede ayudarte a resaltar información importante y detectar patrones o anomalías en tus datos.

Sugerencias:
- Utiliza formato condicional para resaltar celdas con valores que cumplan ciertos criterios (Inicio > Formato condicional).
- Configura reglas de formato condicional basadas en fórmulas para una mayor flexibilidad.

8. Revisa y Prueba Tus Fórmulas
Siempre revisa y prueba tus fórmulas para asegurarte de que estén funcionando correctamente y produciendo los resultados esperados.

Sugerencias:
- Utiliza la herramienta de auditoría de fórmulas para revisar las dependencias y precedencias de las celdas (Fórmulas > Auditoría de fórmulas).
- Prueba tus fórmulas con diferentes datos de entrada para asegurarte de que funcionen en todos los casos.

9. Usa Tablas de Excel
Las tablas de Excel proporcionan una forma estructurada de manejar y analizar datos.

Sugerencias:
- Convierte tus rangos de datos en tablas (Insertar > Tabla) para aprovechar las ventajas de las referencias estructuradas y el formato automático.

- Utiliza las funciones de tabla como filtros automáticos, filas de totales y estilos de tabla para mejorar la presentación y el análisis de tus datos.

10. Realiza Copias de Seguridad Regularmente

Realiza copias de seguridad de tus archivos de Excel regularmente para evitar la pérdida de datos.

Sugerencias:
- Guarda copias de tus archivos en una ubicación segura, como un disco duro externo o un servicio de almacenamiento en la nube.
- Utiliza la función de autoguardado de Excel si estás trabajando en un entorno que la soporte.

Anexo: Equivalencias de Funciones en Español

En este anexo, se presenta una tabla con las equivalencias de las funciones de Excel en inglés y español, junto con una breve descripción de cada función. Esta tabla servirá como referencia para los usuarios que trabajan con versiones de Excel en diferentes idiomas.

Función en Inglés	Función en Español	Descripción
UNIQUE	UNICOS	Devuelve una lista de valores únicos de un rango o matriz.
SORT	ORDENAR	Ordena el contenido de un rango o matriz.
FILTER	FILTRAR	Filtra un rango o matriz basado en criterios especificados.
SEQUENCE	SECUENCIA	Genera una secuencia de números en una matriz.
RANDARRAY	MATRIZALEAT	Crea una matriz de números aleatorios.
TEXTSPLIT	TEXTOSC	Divide una cadena de texto en varias subcadenas basadas en un delimitador.
ARRAYTOTEXT	MATRIZTEXTO	Convierte una matriz en una cadena de texto.
VSTACK	APILAV	Combina varios rangos o matrices verticalmente en una sola matriz.
HSTACK	APILAH	Combina varios rangos o matrices horizontalmente en una sola matriz.
WRAPCOLS	ENVOLVERCOLUMNAS	Transforma un rango o matriz en columnas según un número específico.
WRAPROWS	ENVOLVERFILAS	Transforma un rango o matriz en filas según un número específico.
TEXTJOIN	UNIRTEXTO	Combina varias cadenas de texto en una sola, separándolas con un delimitador especificado.
TEXTAFTER	TEXTOPOSTERIOR	Devuelve el texto que aparece después de un delimitador especificado.
TEXTBEFORE	TEXTOPRECEDENTE	Devuelve el texto que aparece antes de un delimitador especificado.
SUM	SUMA	Suma los valores en un rango o matriz.
AVERAGE	PROMEDIO	Calcula el promedio de los valores en un rango o matriz.
MAX	MAX	Devuelve el valor máximo en un rango o matriz.
MIN	MIN	Devuelve el valor mínimo en un rango o matriz.
IF	SI	Devuelve un valor si una condición es verdadera y otro valor si es falsa.
CHOOSE	ELEGIR	Devuelve un valor de una lista de valores según un índice especificado.

| SWITCH | CAMBIAR | Evalúa una expresión y devuelve un valor correspondiente al primer valor coincidente. |
| TRANSPOSE | TRANSPONER | Transpone una matriz, convirtiendo filas en columnas y viceversa. |

Este anexo proporciona una referencia rápida y útil para traducir y entender las funciones de Excel cuando se trabaja en versiones en inglés y español, facilitando el uso eficiente de la hoja de cálculo en ambos idiomas.